Da ist ein Garten unter meiner Haut

Geschrieben und illustriert von
Rebecca Morris

Wenn du deine Augen schließt,
sanft und leise atmest,

wirst du ein goldenes
Tor sehen

und die
lebendigen
Bäume
hören.

All das ist in
deinem Herzen,

wo all
das Gute wächst.

Kannst du das Gras
fühlen,
das deine kleinen Zehen kitzelt?

Wir können rennen,
tanzen und hier spielen

und den ganzen Tag lachen.

Dies ist mein Lieblingsort
mit dir!

Lausche, ich kann ein Liebeslied
hören...

Die Blumen
winken
dir zu.

Die Vögel singen
dir
ein Lied.

Die Bienen summen
fröhlich
um dich herum.

Die Bäume
hören dir
den ganzen
Tag zu.

Dort drüben habe ich eine Bewegung gesehen,

da ist jemand hinter dem Baum,...

Es ist Jesus, der Verstecken spielt.

Er möchte mit dir spielen.

Seine Hände der
Liebe strecken sich
nach dir aus.

Sie sind voll mit
Samen.
Er gibt dir

3.

1 ist Liebe

2 ist Freude

3 ist ein geheimer

Edelstein aus der
Ewigkeit.

Jetzt iss die Samen & schau ihnen beim

Wachsen zu.

Die Erde deines Herzens ist gut.

Wir besprenkeln
sie mit lebendigem
Wasser,

bis
die Blumen
anfangen zu blühen.

Wenn du beginnst,
die Liebe zu spüren,
die in dir wächst,

dann wirst du
definitiv
wissen:

Da ist ein wunderschöner Garten
unter
deiner
Haut!

www.ingramcontent.com/pod-product-compliance
Lightning Source LLC
Chambersburg PA
CBHW041447120626
46547CB00002B/383